Tadpole Books are published by Jump!, 5357 Penn Avenue South, Minneapolis, MN 55419, www.jumplibrary.com

Editor: Jenna Trnka **Designer:** Anna Peterson **Translator:** Annette Granat

Photo Credits: Tom Morrison/Getty, cover (foreground); matthew25/Shutterstock, cover (background); wragg/iStock, 1; Skylines/Shutterstock, 2–3, 16br; Fran Polito/Getty, 4–5, 16bl; skynesher/iStock, 6–7, 16tl; FamVeld/Shutterstock, 8–9, 16tm; kali9/iStock, 10–11, 16tr; travnikovstudio/iStock, 12–13, 16bm; Sergey Novikov/Shutterstock, 14–15.

Library of Congress Cataloging-in-Publication Data
Names: Kenan, Tessa, author.
Title: Soleado / por Tessa Kenan.
Other titles: Sunny. Spanish
Description: (Tadpole edition). | Minneapolis, MN : Jump!, Inc., (2018) | Series: Informe del tiempo | Includes index.
Identifiers: LCCN 2018010729 (print) | LCCN 2018012312 (ebook) | ISBN 9781641280792 (ebook) | ISBN 9781641280785 (hardcover : alk. paper)
Subjects: LCSH: Sunshine—Juvenile literature. | Weather—Juvenile literature. | Sun—Juvenile literature.
Classification: LCC QC911.2 (ebook) | LCC QC911.2 .K4618 2018 (print) | DDC 551.5/271—dc23
LC record available at https://lccn.loc.gov/2018010729

INFORME DEL TIEMPO

SOLEADO

por Tessa Kenan

TABLA DE CONTENIDO

tadpole books

SOLEADO

Está soleado.

Hace calor.

Jugamos afuera.

Jugamos en el agua.

arena

Jugamos en la arena.

Nos refrescamos.

¡El sol es divertido!

REPASO DE PALABRAS

afuera

agua

arena

caliente

nos refrescamos

soleado

ÍNDICE